JUS ROMANUM.

DE PIGNERATITIA ACTIONE

(D. Lib. xiii; t. vii).

I.   De pigneratitia directa.

Definiri potest pignus : contractus quo res in securitatem debiti possidenda ea lege traditur ut, soluto debito, ipsa in specie reddatur.

Titulus septimus pertinet ad actiones quæ ex hoc contractu descendunt.

Duæ sunt pigneratitiæ actiones, directa atque contraria. Hypothecam, in possessionem creditore misso, fingere pignus acceperunt prudentes, pigneratitiis que actionibus similiter uti.

Hinc Marcianus : « Inter pignus autem et hypothecam tantum nominis sonus differt. »

Actio pigneratitia directa, est ea quæ debitori qui pignus constituit, adversus creditorem datur, ut, soluto debito rem reddat; vel si eam distraxit ad exsolutionem debiti, quod ex pretio superest reddat.

Debitori etiam qui rem alienam pignori dedit, pigneratitia directa competit actio ; quia ut contractus pignoris intercessisse intelligatur, sufficit rem esse traditam ea mente ut esset pignori, quamvis in ea jus pignoris non constiterit.

Ex peculiari servus, pignori aliqua re data, domino suo directam pigneratitiam acquirit. Per liberam autem personam, actio nobis non acquiritur. Procuratori tutorive tamen, propter bonorum administrationem pignus offerenti, pigneratitia directa competit.

Hac generaliter actione, creditoris obligationes a debitore persequuntur. Tum primum tota exsoluta pecunia, debitore nascitur actio. Nec pecuniam fatemur exsolutam, si, debitis ex mora usuris, sortem solummodo creditori offert, qui dederit pignus. Sed et non solvendæ omnis pecuniæ causa, verum de parte ejus solvenda, pignore constituto, hac parte soluta procul dubio directa competit. Haud aliter, si in sortem duntaxat, vel in usuras obstrictum est, eo soluto propter quod pignus obligatum est, locum habet pigneratitia. Sive autem usuræ in stipulationem sint deductæ, sive non, si tamen pignus et in eas obligatum fuerit, quamdiu quid ex his debetur, pigneratitia cessabit. Citra stipulationem constitutæ non deberi usuræ videntur; sufficit autem eas natura deberi, ut pro his pignus utiliter consistat. Quin etiam rescripsit Gordianus, si in possessionem fueris constitutus, nisi ea quoque pecunia quæ alia causa debita tibi a debitore reddatur vel offeratur, rem pignoratam restitueri propter ceptionem doli mali non cogeris. Solutam accipiendum pecuniam, non solum si ipsi cui obligata res est, sed procuratori suo. Exsolutum debitum intelligitur et cum ex pretio rei pigneratæ quam distraxit creditor, quod sibi debebat consecutus est, statimque debitori competit pigneratitia, ut si quid ex pretio superest, reddatur. Si ex pluribus rebus pignoratis, quædam duntaxat distractæ sunt, quarum ex pretio omne debitum creditor consecutus sit, ad restitutionem cœterarum, pigneratitia competit. Ex omni lucro quod circa rem pigneratam sensit, sive ex fructibus perceptis, sive ex operis ancillæ, sive ex pensionibus domus pignoratæ, creditori exsolutum videri potest.

In casibus sequentibus, creditori solutum dici non posse factum placuit, consequenter pigneratitia debitori non competit: Sic, 1° reprobis nummis creditori numeratis; 2° lite contestata cum debitore de ipso debito, vel cum fidejussor conventus fuerit.

Interdum et si soluta non sit pecunia, tamen pigneratitia nascitur actio: velut si creditor suum a debitore pignus emerit. Nascitur etiam pigneratitia, nec soluto pretio, si forte solutioni solus creditor obstet. Tunc pecuniam templis debitor obsignare debet, statimque cum creditore agere potest. Idem si fuerit satisfactum creditori, directa competit; et generaliter satisfactum creditorem accepimus, quoties a pignore ipse recedere voluit, si ut ipse voluit sibi cavit, quamvis in hoc deceptus est. Nulla salutione, nulla satisfactione præstitis, pigneratitia tamen creditor tenetur, cum pecuniam propter pignus promissam debitori haud numeraverit. Simili modo agitur: accepto lata pecunia, deficiente pignoris conditione; si tandem pignoratam creditor ancillam prostituerit.

Præterea nemo ante solutionem utiliter agit, nisi solutionem nec expromissorem

UNIVERSITÉ DE FRANCE. — ACADÉMIE DE RENNES.

FACULTÉ DE DROIT.

THÈSE

POUR

LA LICENCE.

JUS ROMANUM	....	De Actione pigneratitia.
DROIT FRANÇAIS. . .	CODE NAPOLÉON...........	Du Nantissement.
	CODE DE PROCÉDURE......	De la Saisie-Arrêt ou Opposition.

Cette Thèse sera soutenue le 7 Juin 1855,

Par M. Charles BRINDEJONC,

Né à Nantes (Loire-Inférieure), le 27 Août 1834.

EXAMINATEURS :

MM. RICHELOT, *doyen;* LEPOITVIN, BIDARD, *professeurs;* BODIN, *suppléant.*

NANTES,

IMPRIMERIE DE VINCENT FOREST,

PLACE DU COMMERCE.

1855.

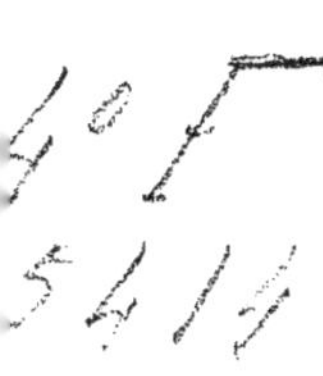

A mon Père, à ma Mère.

A MA SŒUR.

A MES AMIS.

in judicio offerat. Re pignori obligata ne distracta, in specie pignus restituere debet. Hac actione similiter tenetur creditor qui dolo aut culpa rem habere desiit.

In hoc contractu enim sicut in commodato dolum, culpam, custodiam, creditor præstare debet. Custodia generaliter eas obligationes continet ut creditor rebus pignori obligatis præstet diligentiam quam pater familias diligens rebus suis præstare solet. Quæ fortuitu eveniunt, quum provideri nec potuerint, nullo bonæ fidei judicio præstantur. Sic manifestis nec probantem argumentis rem fortuitu perditam fuisse, creditorem quanti debitoris interest condemnari debet. In his casibus debitoris pignus bonis permanere ipsique perire consequens est, cum sine culpa segnitiave creditoris res pigneratæ perierint.

In pigneratitia actione venit id quanti rem pigneratam culpa creditoris deteriorem esse factam. Sic, cum pigneratas male tractaret, servosque debilitaret. Plane si ipse servum maleficii causa coercuit, vel vinxit, vel præfecturæ, vel præsidi obtulit, dicendum est pigneratitia creditorem haud teneri.

In hac actione tandem superfluum venit si quid ultra quod sibi debetur ex fructibus, ex lucrove creditor perceperit. Accipiendum est, pignore distracto, creditorem directa teneri ut superfluum consecutum cum usuris restituat. In tribus casibus sequentibus usuræ præstari debentur. Nimirum, si pluris fundum vendiderit pigneratum idque fœnaret, sibique usum pecuniæ præstaret; si tardius superfluum apud se depositum restituerit. Idem, si quam ex pactis in distractione pignoris appositis actionem habuerit, eam mandare debitori tenetur.

Ad restituendum sibi pignus, soluto vel obsignato pretio, a debitore conventum nec longi temporis præscriptio creditorem munire potest. Nec alia de fructibus a creditoribus perceptis sententia est.

II. De pigneratitia contraria.

Pigneratitia creditori adversus eum qui pignus constituit contraria competit, ut ipsi præstetur quidquid ipsi præstari æquum est.

Necessariis impensis propter fundum servumve creditore constitutis, pigneratitia tunc primum contraria competit. Nec enim frequenter creditori sufficiebat retentio, mortuo servo, insula fulsa, non agentem contra debitorem ipsi doli mali exceptio remanebat inutilis. Non solum necessariæ sed etiam utiles in hac actione veniunt impensæ, ita tamen nec talem rem efficere, creditorem patitur, ut grave sit debitori id recuperandum. Similiter judicio tenetur contrario debitor qui post distractionem pignoris a se conducti precario vel rogati, vindicanti negavit. Procul dubio creditori adversus debitorem contraria competit; sive illud surripuerit, sive accepta pecunia per fenestram miserit excepturo eo quem de industria posuerat, pignus. Præterea ad exhibendum furtique creditori incumbunt actiones. Creditor, cum venderet pignus duplam promisit, deinde conventus ob evictionem, condemnatusque, regressum adversus creditorem solummodo habet, si duplam promittens ut paterfamilias diligens, id gessit. Creditor enim qui vendit pignus, regulariter non repromittit, nec tenetur de evictione, nisi hoc convenerit. Nec amplius a debitore quam debiti summa est, consequi poterit.

Nascitur etiam contraria cum æs auro obligato subjecit debitor, pignus constituens. Dato auro, si deinde œs subjiceret, furti teneri videndum est. Præterea extra ordinem, stellionatus nomine plectetur. Cum debitore utiliter agitur qui alienam rem, alii, in publicumve obligatam sciens prudensque pignori obligavit. Hac actione tenebitur etiam ignorans pigneratitia, sed non tenebitur tunc nomine stellionatus.

Cessat autem contraria si res utrique debitori sufficiat. Tandem pigneratitia sine dubio, debitor teneri videtur, cum vitiosam creditori rem dederit ex qua damnum ipse senserit. Tunc præsertim distinguere necesse est, an si debitor rem vitiosam esse ignoraverit an non. Ignoranti rem viciosam pro noxa derelinquere utile est. Scientem, quamvis pro deditione noxæ paratum, ut indemnem creditorem præstet, pigneratitia teneri contraria, fatemur.

POSITIONES.

1° An L. 18, § 2 de Pig. Act. et L. 29, § 1 de Pig. et Hyp. inter se pugnant? — Non.

2° An L. 24, § 1 de Pig. Act. et L. 46 de Solut. inter se pugnant? — Pugnant inter se.

3° An vindicatio permittitur debitori, si solo conditionis eventu, obligationis resolutio fit? — Potest.

DROIT FRANÇAIS.

CODE NAPOLÉON.

DU NANTISSEMENT

(Livre III, titre XVII, Art. 2071-2091).

INTRODUCTION.

Le contrat de nantissement mobilier ne s'exerce pas sur une grande échelle, car il n'a jamais lieu pour des choses bien importantes. Malheureusement il sert souvent de manteau à l'usure, car combien de gens avides spéculent sur la pauvreté et prêtent à gros intérêts sur les meubles de l'indigent. Cependant il existe des lieux autorisés par la loi, dans lesquels on prête sur gages, ainsi les Monts-de-Piété.

En remontant dans l'histoire on trouve le gage dans le duel judiciaire et les jugements de Dieu. Lorsque les duels judiciaires eurent disparu, il ne resta plus des gages de bataille que les arrhes ou errements de procédure, qui sont des actes de procédure en matière civile. Maintenant le gage occupe une très-petite place dans les affaires civiles, mais en matière de commerce, il est d'une énorme importance. Il fait la sûreté du commerce de commission. Mais si le gage mobilier est d'un plus grand usage dans le commerce, il n'en est pas de même du gage immobilier. Généralement un négociant n'engage ses immeubles qu'à la dernière extrémité ; car quand il faut que la propriété territoriale vienne en aide au crédit défaillant du négociant, c'est un signal de détresse et de perturbation, et d'habitude les négociants tiennent à honneur de conserver la liberté de leurs immeubles. Ils assoïent donc leur crédit, la confiance qu'ils inspirent et la sûreté de leurs transactions, sur les marchandises qui constituent leur actif ; ils ne mettent pas leurs propriétés foncières dans le commerce, ils les en éloignent au contraire. Le gage immobilier ou antichrèse n'est donc pas l'aliment ordinaire du crédit commercial. Néanmoins dans l'ancien temps, l'antichrèse eut un règne assez brillant, car on voit dans l'histoire des exemples sans nombre de gens, de princes, de provinces empruntant sur leurs immeubles, mais maintenant le gage immobilier tend de plus en plus à céder sa place à l'hypothèque. On voit donc d'après ce qui précède qu'il y a deux choses à examiner : 1º le gage mobilier, 2º le gage immobilier, c'est-à-dire le gage proprement dit et l'antichrèse, choses comprises sous le nom de nantissement.

Du Nantissement.

———

Pour obtenir du crédit, il faut nécessairement des garanties, c'est pour cela que l'on a établi le cautionnement, le contrat de nantissement et l'hypothèque qui maintiennent l'intégrité du patrimoine du créancier et préviennent les pertes fâcheuses qui portent le désordre dans les fortunes. Certes il serait désirable que l'on pût prêter sûrement sans garanties autres que la probité des individus, mais c'est là une de ces utopies dont se nourrissent les philanthropes. Il était nécessaire d'avoir un moyen de se procurer des garanties et la loi a fait de grands efforts pour donner aux transactions la plus grande somme de sécurité que puisse offrir la propriété mobilière ou immobilière. Autrefois le débiteur était le gage du créancier et répondait sur sa vie ou sa liberté de sa fidélité à remplir ses engagements. Ce système n'existe plus et les biens du débiteur sont venus remplacer sa personne, mais il a fallu donner de la solidité au crédit qui s'appuie sur la chose, et l'engagement des choses est devenu l'un des points les plus graves et les plus usuels de la jurisprudence ; car l'hypothèque qui n'est qu'une extension du nantissement, est une des choses les plus importantes du droit. Le crédit personnel est souvent fragile, aussi est-il nécessaire que le créancier se fasse donner des gages réels, des valeurs suffisantes, pour assurer son paiement au terme convenu. Ces valeurs sont de deux sortes, mobilières ou immobilières, car on peut donner en nantissement des meubles ou des immeubles.

L'hypothèque est une espèce de nantissement, mais ils diffèrent, car l'hypothèque laisse au débiteur une possession que le nantissement lui enlève. Dans les antiquités du droit romain, le nantissement affectait les formes de la vente; il se contractait par le transport solennel de la propriété entre les mains du créancier par mancipation *per œset libram,* et de plus le créancier s'engageait à rendre la propriété au débiteur quand ce dernier l'aurait désintéressé. C'était là la *mancipatio fiduciaria.* A côté se trouvait le gage du droit naturel, pignus, qui s'opérait par la simple remise de la chose dans les mains du créancier. Mais la mancipatio finit par se dénaturer et se perdre, lorsque la propriété eut rejeté la distinction des choses *mancipi* et *nec mancipi.* Il y avait encore une autre espèce de gage qui se contractait, comme nous le disions tout à l'heure, sans formalités solennelles et par la simple remise de la chose entre les mains du créancier, c'est le *pignus.* Par le pignus on ne transférait pas la propriété, le créancier n'acquérait qu'une possession et un droit de rétention qui cessaient d'exister par le paiement. Dans l'origine le créancier ne pouvait vendre le gage que s'il en était convenu par contrat, mais plus tard on établit que la vente pourrait avoir lieu après trois sommations faites au débiteur. Le pignus, avons nous dit, enlevait la possession, ce qui alors était une cause de trouble, c'est pourquoi la fiducie laissait quelquefois la possession de la chose au débiteur à titre de louage. C'est alors qu'on voulut appliquer cette clause au pignus en assurant simplement un gage sur l'immeuble, au créancier, et laissant la possession au débiteur, de là l'hypothèque. L'histoire du droit romain présente donc trois nuances du contrat de nantissement, la fiducie, le pignus et l'hypothèque.

Dans tous les pays où la civilisation est un peu avancée, on trouve le gage. On le trouve dans les lois de Moïse, chez les Grecs, dans les lois barbares et au moyen-âge. Le mot nantissement vient du mot saxon *nam,* qui signifie gage. D'après l'article 2071 du Code Napoléon, qui dit : « Le nantissement est un contrat par lequel un débiteur remet une chose à son créancier pour sûreté de sa dette. » On voit que ce n'est autre chose que le *pignus,* et que le mot nantissement peut aussi bien comprendre les meubles que les immeubles donnés pour sûreté. Néanmoins, on a préféré un nom particulier pour ces deux espèces, et le nantissement d'une chose mobilière s'appelle gage; celui d'une chose immobilière se nomme *antichrèse.* Le mot gage est d'origine teutonique *wadium, guadium;* il signifie tantôt le nantissement d'un meuble, tantôt le meuble donné en gage, ou bien même toute sûreté quelconque, meuble ou immeuble. D'après cette extension, on voit dans l'art. 2093 ces mots : « Les biens du débiteur sont le gage commun de ses créanciers. » L'antichrèse, qui signifie nantissement d'un immeuble, est un mot grec qui s'est conservé.

Donner une garantie au créancier pour une dette antérieure, voilà quelle doit être la cause nécessaire du nantissement. Pourvu que cette cause soit valable, on peut donner des garanties pour toutes espèces d'obligations et pour toutes les transactions commerciales. Le nantissement n'est un contrat parfait que par la tradition et la remise de la chose, sans quoi il ne peut exister, ce qui établit encore une grande différence entre ce contrat et l'hypothèque. Cependant le consentement doit précéder la tradition. La principale obligation produite par le nantissement est de rendre la chose en cas de paiement, de là l'*actio pigneratitia* accordée en droit romain au débiteur contre le créancier pour rentrer dans la possession de la chose remise en gage. D'un autre côté, si le créancier a été trompé sur la valeur de la chose remise en gage, on lui accorde l'*actio. pigneratitia contrà*. Le gage est aussi bien dans l'intérêt du débiteur que dans celui du créancier, mais il n'y a qu'une obligation principale, rendre la chose lorsque le paiement a été effectué, toutes les autres obligations ne sont qu'accessoires et tacites, ce qui empêche le nantissement d'être un contrat synallagmatique parfait. Dans le contrat de nantissement les parties sont guidées par l'intérêt, et quoique souvent on lui ait reproché de préférer les sûretés réelles à la bonne foi et aux garanties morales, il est nécessaire au commerce. Le nantissement se trouve souvent tacitement mêlé à une foule d'actes; ainsi le commissionnaire a un gage tacite dans les choses qui lui ont été confiées et pour lesquelles il a fait des avances; de même l'aubergiste est censé avoir en gage les effets de celui qu'il loge; le voiturier a encore un gage tacite sur la chose voiturée. Le gage tacite existe enfin dans la saisie judiciaire des biens, mais ici c'est un gage forcé.

Du Gage.

L'article 2072 du Code Napoléon dit : « Le nantissement d'une chose mobilière s'appelle gage. C'est dans ce sens que nous allons l'étudier; et d'abord voyons quelles choses peuvent être données en gage. Tout ce qui est dans le commerce, peut être donné en gage. Son corps, sa liberté, celle de ses enfants pouvaient être engagés chez les Romains et dans le moyen-âge. Chez les Grecs, la coutume primitive permettait au débiteur de s'obliger sous l'hypothèque de sa personne, et s'il ne payait pas, il tombait au niveau d'une chose mise en gage; il était vendu comme un meuble, à moins que le créancier ne consentît à en faire son esclave.

Chose singulière, chez ce peuple qui défendait au soldat d'engager ses armes, au laboureur d'engager sa charrue, il était permis au soldat et au laboureur d'engager leur corps à la sûreté de la dette. Aujourd'hui, il n'en est plus ainsi, le gage ne peut comprendre que des choses matérielles. Cependant il faut excepter le cas d'ôtage.

Si un individu donne en gage des choses dont il n'est pas propriétaire, de nombreux arrêts datant des plus anciens temps et appuyés des noms de Casarégis, Deluca et autres, viennent démontrer que le gage doit tenir au profit du tiers qui l'a reçu. Le gage s'étend aux accessoires de la chose et à tout ce qui en procure l'accroissement. Nous pouvons maintenant nous occuper des personnes qui ont la capacité pour prendre part au contrat de gage. Quiconque a la disposition de sa chose peut la donner en gage; quiconque est gêné dans sa liberté d'en disposer ne peut l'engager. On peut être admis à supposer que tout individu pouvant rendre sa situation meilleure, tout le monde est capable de recevoir en gage; mais comme en recevant un gage on se soumet à certaines obligations, il s'ensuit certaines incapacités. Comme on le voit par le texte de l'article 2073, le contrat de gage confère un privilége au créancier, privilége qui est une des prérogatives les plus éminentes du gage. Déjà en droit romain on voit ce privilége exister; quoique plusieurs auteurs, l'aient mis en doute, il existe en France depuis bien longtemps, et en droit civil comme en droit commercial, il est aussi ancien que la jurisprudence même. Pour fonder ce privilége, le droit français s'est appuyé sur le droit romain. La Coutume de Paris, article 181, dit : « Et n'a lieu la contribution, quand le créancier se trouve saisi du meuble qui lui a été baillé en gage. » L'article 2102 du Code Napoléon confirme en disant : « Les créances privilégiées sur certains meubles sont : 1°..... 2° La créance sur le gage dont le créancier est saisi. » Enfin dans le Code de Commerce, on voit article 546 : « Les créanciers du failli qui seront valablement nantis de gages, ne seront inscrits dans la masse que pour mémoire. » Article 547 : « Les syndics pourront à toute époque, avec l'autorisation du juge-commissaire, retirer les gages au profit de la faillite en remboursant la dette. » On trouve encore de nouvelles preuves dans les articles 93 et 95, au titre des commissionnaires. D'après l'établissement de ce privilége, le gagiste acquiert le droit d'être payé sur le prix du gage de préférence à tous les autres créanciers. Cependant, ainsi que nous l'expliquerons plus tard, pour avoir ce droit, ce privilége, le gagiste doit être en possession de la chose et en être valablement saisi. Cette possession doit être certaine et non équivoque, car il ne faut pas que les autres créanciers puissent être trompés. Il faut donc de bonnes preuves, et c'est ce que demande l'ordonnance de 1673 en disant : « Aucun prêt ne sera fait sous gages, qu'il n'y en ait un acte par devant notaires, dont sera retenu minute, qui contiendra la somme prêtée et les gages qui auront été délivrés. Les gages qui ne pourront être exprimés dans l'obligation, seront énoncés dans une facture ou inventaire dont sera fait mention dans l'obligation, et la facture ou inventaire contiendra la qualité, quantité, poids et mesures des marchandises ou autres effets donnés en gage, sans quoi le prêtant sera contraint par corps à la restitution des gages. » Mais d'après cette ordonnance qui n'avait d'effet qu'à l'égard des tiers, les parties contractantes ne pouvant pas faire valoir elles-mêmes l'inobservation de ces clauses, elles ne pouvaient se servir que des preuves ordinaires, aussi l'article 2074 est-il venu dire que le privilége ne pourrait être invoqué qu'autant que le créancier serait porteur d'un acte public ou d'un acte sous seing-privé, dûment enregistré, contenant la déclaration de la somme due, ainsi que l'espèce et la nature des choses remises en gage, ou un état annexé de leur qualité, poids et mesure. Cependant même à l'égard des tiers la rédaction de l'acte n'est exigée qu'en matière dépassant 150 fr. Nous devons remarquer en passant que lors même que le nantissement est investi de toutes ses conditions de validité, il est nul et de nul effet relativement à la masse, s'il a été donné dans les dix jours qui ont précédé l'époque de la faillite de celui qui a constitué le gage. L'article 2075 déclare que le privilége énoncé en l'article 2074, ne s'établit sur les meubles incorporels, tels que les créances mobilières, que par acte public ou sous seing-privé aussi enregistré et signifié au débiteur de la créance donnée en gage. Les créances, les actions dans les compagnies de finance ou d'industrie les titres de rente, les effets de commerce, voilà des meubles incorporels, dont la mise en gage peut procurer de grandes facilités au commerce. Et cependant Pothier prétendait qu'un tel nantissement ne devait pas exister, n'étant pas susceptible, disait-il, de cette tradition réelle qui est l'essence du contrat de nantissement. L'article 2075 n'a pas partagé cette opinion et a sanctionné cette espèce de contrat, mais à la condition que les parties dressent un acte de transport en gage qui s'il est sous seing-privé doit être enregistré. Mais cela ne suffit pas encore pour conférer le privilége. Outre la certitude de la date, il faut que l'acte soit signifié au débiteur de la créance, car cette signification avertit le débiteur du privilége du créancier, lie le débiteur au créancier nanti. Elle rend les fraudes plus difficiles en forçant le créancier à montrer son droit aux tiers et s'il arrivait qu'un créancier n'eût pas fait signifier son transport, il ne serait pas privilégié à l'égard des tiers. La saisine est une des conditions essentielles du gage, et comme la signification est de rigueur pour que le créancier soit saisi, il s'ensuit que la signification est nécessaire même au-dessous de 150 francs. L'article 2075 ne comprend que le nantissement des meubles incorporels. Si donc le débiteur donnait au créancier un droit réel en nantissement, ce dernier n'acquerrait pas privilége.

En formant le contrat de gage on a voulu retirer des mains du débiteur la chose qui en était l'objet. Il est donc nécessaire qu'il en soit réellement dessaisi, et qu'il ait positivement délivré la possession de la chose au créancier, il faut que la chose *ad creditorem transeat.* Si le créancier n'était pas saisi de la chose, il ne pourrait pas se prévaloir de son privilége, vis-à-vis des tiers. De plus le débiteur doit se dessaisir ostensiblement, franchement, sans détours. Le créancier est saisi lorsqu'il possède la chose entre ses mains, ou bien si elle est consignée pour lui dans les magasins d'une personne qui le représente, ou bien encore si la marchandise est déposée pour lui dans un dépôt public tel que halle au blé, douane, et qu'il est prouvé qu'il en a seul la disposition. La remise d'une facture énonçant les effets consignés avec pouvoir de s'en saisir, met évidemment la chose à la disposition du gagiste.

Le gage a été assimilé au cautionnement en ce sens, que, de même qu'une tierce personne peut cautionner de même une tierce personne peut donner un gage au créancier. Cependant celui qui donne un gage pour autrui, n'adhère pas pour cela aux engagements personnels de ce dernier, sa chose seule est engagée.

Jusqu'ici nous avons vu quelles étaient les garanties obtenues par le créancier au moyen du gage, nous allons voir maintenant comment la loi a protégé le débiteur contre les pactes lésionnaires et les extorsions de créanciers impitoyables. On connaît le pacte commissoire par lequel on stipule, que si, dans un certain temps, le débiteur ne retire pas en payant, la chose donnée en gage, cette chose sera de plein droit acquise au créancier en paiement de ce qui lui est dû. Cette clause est d'une dureté excessive, car la plupart du temps la chose donnée en gage est d'une valeur supérieure à la dette ; et c'est sous l'influence de l'adversité que le débiteur s'est laissé aller à se dessaisir d'une chose valant plus qu'il ne doit. Le pacte commissoire fut proscrit de bonne heure dans la jurisprudence romaine ; Constantin l'interdit de la manière la plus absolue ; voyons maintenant ce que porte la loi française. Elle énonce d'abord formellement que le créancier ne pourra jamais s'approprier la chose de plein droit et qu'il ne pourra jamais en disposer, cette chose appartenant toujours au débiteur. Alors que devra donc faire le créancier pour être payé. Il ira s'adresser au juge et demandera, soit que le gage lui demeure en paiement jusqu'à due concurrence d'après estimation faite par des experts, soit qu'il soit vendu aux enchères. Le créancier a le droit de demander une de ces deux choses à sa volonté, quoique M. Duranton prétende que c'est le juge qui doit décider. Deux questions se présentent maintenant : 1° Pourra-t-on convenir que les parties n'auront pas besoin d'aller devant les juges ? 2° Pourra-t-on établir qu'à défaut de paiement à l'époque indiquée le gage restera au créancier à dire d'experts ? M. Troplong se prononce pour l'affirmative, car, dit-il, ce que les parties sont convenues de faire le juge aurait été obligé de le faire à leur place. Il est donc inutile de recourir à un jugement qui entraîne des frais. L'expertise protégera suffisamment le débiteur, il n'a pas le droit d'en exiger davantage. Lorsque le prix de la chose a été fixé par les experts et qu'il est supérieur à la dette, le créancier doit en faire raison au débiteur; si au contraire il est inférieur à la dette, le débiteur devra parfaire. On a soulevé la question de savoir si le créancier et le débiteur ne pourraient pas par une convention aléatoire stipuler que ce qui restera après la vente, sera attribué au créancier, de telle sorte que s'il y a plus il gardera pour lui, s'il y a moins, le débiteur ne sera pas obligé de parfaire. Je crois qu'il suffit de se rapporter au texte de la loi qui dit *jusqu'à due concurrence;* et en effet le créancier ne court presque jamais de risques, car le gage est le plus ordinairement d'une valeur bien supérieure à la dette. La vente et le paiement qui en est la suite libèrent le débiteur, à moins que le prix de vente ne soit inférieur au montant de la dette.

Le créancier après parfait paiement doit rendre la chose, il doit donc apporter un soin convenable à sa conservation. Dépositaire, il ne doit pas laisser périr son dépôt par sa négligence. S'il y a perte de la chose le créancier doit prouver qu'il n'y a pas de sa faute ou bien il est responsable, et le débiteur a action contre lui pour se faire restituer le même corps, certain qu'il avait reçu en gage, sinon tels dommages intérêts qu'il appartiendra : il peut encore se faire déclarer exempt de payer la dette principale. Si pour la conservation de la chose le gagiste a fait des dépenses nécessaires il doit évidemment en être indemnisé. Le créancier doit quand il est payé, rendre la chose avec les fruits et les accessoires, car il ne doit pas en profitant des intérêts que la chose donnée en gage peut rapporter, s'enrichir aux dépens du débiteur. Mais si le débiteur doit des intérêts au gagiste, ceux produits par la créance seront imputés sur ceux qui lui sont dûs. Si la dette pour la sûreté de laquelle, le gage a été donné, n'est pas productive d'intérêts, les intérêts de la créance engagée seront imputés sur le capital et le diminueront d'autant.

De l'Antichrèse.

L'antichrèse est un contrat par lequel un débiteur ou un tiers, livre un immeuble au créancier pour sûreté de la dette, afin qu'il en perçoive les fruits, à la charge de les imputer soit sur les intérêts, et en cas d'excédant, sur le capital de la créance, soit sur le capital uniquement s'il n'est pas dû d'intérêts.

L'article 2088 accorde à l'antichrésiste le droit d'exproprier au moyen de la saisie immobilière.

L'antichrèse confère un droit de préférence par la rétention, car l'antichrèse est un droit réel. La tradition historique est conforme à cette doctrine et le législateur en plaçant l'antichrèse au milieu des droits réels accessoires, ne semble pas avoir voulu s'en écarter. L'antichrèse est d'ailleurs établie pour sûreté de la créance (2071 et 2072); or, quelle serait la sûreté, si le droit privatif qu'elle confère n'était pas opposable aux tiers, si le débiteur pouvait la rendre vaine par des aliénations ou des hypothèques postérieures? L'article 2087 en permettant à l'antichrésiste d'échapper aux obligations du contrat en déguerpissant, offre aussi un caractère saillant du droit réel. Enfin l'article 446 de la nouvelle loi sur les faillites, en annulant les droits d'antichrèse consentis depuis le jugement déclaratif de cessation de paiements et dans les dix jours qui précèdent, pour dettes antérieurement contractées, précisément parce que ces droits seraient opposables aux tiers, donne à l'opinion que nous exprimons l'autorité d'une interprétation législative. L'article 2091, dont on argumente a voulu dire seulement que si l'antichrésiste a un privilége ou une hypothèque, il les exercera à son ordre.

En contractant, les parties ont eu pour but de faire naître un droit réel; mais par la force même des choses, des obligations sont nées avec le contrat. L'antichrésiste ainsi que le créancier gagiste, est tenu de veiller en bon père de famille à la conservation de la chose; il doit également restituer après le paiement et pourrait y être contraint en cas d'abus. Percevant les fruits, il doit l'avance des charges de fruits; et nous disons l'avance, car il impute ces dépenses sur les revenus, ce qui diminue d'autant le *quantum* de l'imputation qu'il doit faire sur les intérêts et subsidiairement sur le capital de la créance.

Comparons maintenant les dispositions des articles 2085 et 2089. L'article 2085, droit commun de l'antichrèse française, établit un compte de fruits; en effet, le créancier, toutes dépenses soldées, devra imputer les fruits sur les intérêts et subsidiairement sur le capital de la créance; s'il ne perçoit pas de fruits ces intérêts demeureront à la charge du débiteur. L'article 2089, droit commun de l'antichrèse romaine permet aux parties de convenir d'une compensation entre les fruits et les intérêts pour la totalité de la créance ou jusqu'à due concurrence d'une certaine somme; c'est un échange de jouissance. Le législateur de 1804, en haine des usuriers, n'a voulu admettre l'échange de jouissance que par suite d'une convention spéciale et non comme droit commun de l'antichrèse. De plus, par la dernière phrase de l'article, faisant allusion à la loi réglementaire de l'intérêt (loi de 1807), déjà dans son esprit, il a ordonné implicitement, qu'on recherchât par estimation si l'échange de jouissance, ne produit pas un intérêt dépassant le taux légal. Cette disposition, interprétée rigoureusement, pourrait cependant devenir parfois injuste, car la perception des fruits est toujours aléatoire.

POSITIONS.

1. Le créancier gagiste peut-il recevoir le paiement de la créance donnée en gage? — Oui jusqu'à due concurrence.

2. La prescription de la dette autorise-t-elle le débiteur à réclamer le gage, sans payer, quand il s'est écoulé plus de trente ans depuis l'échéance de la dette et la dotation du gage? — Oui.

3. Le créancier qui a le droit d'après l'art. 2081 de recevoir les intérêts pour les imputer sur son capital, est-il obligé de recevoir ces intérêts et de diminuer ainsi son capital successivement par des paiements partiels? — Non.

CODE DE PROCÉDURE.

DE LA SAISIE-ARRÊT OU OPPOSITION

(Livre v, titre vii, art. 557-582).

Les biens du débiteur sont le gage commun des créanciers ; tel est le principe en vertu duquel un créancier met sous la main de la justice les effets, actions et crédits mobiliers de son débiteur, existant entre les mains d'un tiers, et cela au moyen de la saisie-arrêt ou opposition, par laquelle il obtient du tribunal la délivrance des sommes ou le prix des effets, jusqu'à concurrence de ce qui lui est dû. La saisie-arrêt était connue en Languedoc sous le nom de *banniment*, en Dauphiné sous celui *d'arrestation*, en Flandre sous celui de *clain*, en Bretagne sous celui de *plegement*, en Provence sous celui *d'arrêtement*.

Pour avoir le droit de saisir, arrêter, il faut avoir une créance actuelle et certaine, évaluée, exigible et personnelle au saisi. Celui dont la créance est douteuse ou conditionnelle, avant l'accomplissement de la condition ne peut saisir, arrêter. Si la créance n'est pas évaluée par le titre même, l'évaluation doit en être faite par ordonnance du juge. La créance doit être personnelle au saisi, ainsi le créancier hypothécaire ne peut pas arrêter les revenus de l'immeuble appartenant au tiers détenteur.

La saisie-arrêt peut être pratiquée en vertu : 1° D'un acte authentique comme un acte notarié ou un jugement, pourvu que le jugement ou l'acte porte obligation ou condamnation contre la partie saisie ; 2° d'un acte sous seing privé ; 3° d'une ordonnance du juge qui est délivrée par le président du tribunal civil en toute matière et par celui du tribunal de commerce en matière commerciale. Cette ordonnance est rendue sur requête à laquelle sont annexés tous titres et pièces de nature à mettre le juge en état de faire l'évaluation de la créance.

Au moyen de ces dispositions le législateur assure à tout créancier porteur d'un titre, ou qui sans avoir de titres a des droits certains, un gage contre le débiteur qui chercherait à soustraire sa fortune, en même temps qu'il veille aux intérêts de celui-ci en lui assurant que ce gage ne sera donné au créancier que jusqu'à concurrence de là dette présumée.

Il y a de certaines formalités que doit contenir un exploit de saisie-arrêt sous peine de nullité et qui sont exprimées article 559. L'exploit devra contenir l'énonciation du titre et de la somme pour laquelle est faite la saisie, l'élection de domicile dans le lieu où demeure le tiers saisi si le saisissant n'y demeure pas, et enfin si la saisie est faite en vertu d'une ordonnance on doit donner copie de cette ordonnance en tête de l'exploit. Pour former une saisie-arrêt le créancier n'est point obligé de mettre son débiteur en demeure d'acquitter la dette; il suffit que la créance soit exigible ou qu'on ait reçu du président l'ordonnance de saisir. Nous savons que l'on peut remettre entre les mains du procureur impérial une assignation donnée à une personne habitant hors France. Il est évident que si cette permission eut été étendue à la saisie-arrêt, le tiers saisi aurait parfaitement pu payer à d'autres les sommes réclamées, sans penser avoir tort. Pour remédier à cet inconvénient, il a été décidé que le tiers devait être averti personnellement de l'apposition de la saisie entre ses mains.

Le décret du 18 Août 1807 a réglé la forme dans laquelle doit être faite une saisie-arrêt entre les mains des receveurs, dépositaires ou administrateurs des caisses ou deniers publics en cette qualité, mais l'article 561 s'appesantit sur ce point que l'exploit ne sera valable qu'autant qu'il sera fait à la personne préposée pour le recevoir, visé par elle sur l'original, et en cas de refus, par le procureur impérial. Le débiteur de mauvaise foi pouvait au moyen d'oppositions retarder le paiement d'une dette légitime, ou bien on pouvait empêcher un créancier de recevoir son paiement en arrêtant la somme aux mains du débiteur sous le nom de créanciers inconnus ou qui n'existeraient pas. C'est pour obvier à ces fraudes que la loi oblige l'huissier qui a signé la saisie à justifier de l'existence du saisissant s'il en est requis. Autrefois on formait des oppositions, puis on les abandonnait, et lorsque le saisi se présentait pour toucher ses fonds, on lui objectait des oppositions faites quelquefois depuis plusieurs années, aussi a-t-il été déclaré que dans la huitaine de la saisie-arrêt ou opposition outre un jour pour trois myriamètres de distance entre le domicile du tiers saisi et celui du saisissant, et un jour pour trois myriamètres, entre le domicile du saisissant et celui du débiteur saisi, le saisissant serait tenu de dénoncer la saisie-arrêt ou opposition au débiteur saisi et de l'assigner en validité. Dans un pareil délai, outre celui en raison des distances à compter du jour de la demande en validité, cette demande doit être dénoncée à la requête du saisissant, au tiers saisi qui ne sera tenu de faire aucune déclaration avant que cette dénonciation lui ait été faite. S'il n'y a pas de demande en validité, la saisie est nulle, s'il n'y a pas de dénonciation, les paiements faits par le tiers saisi sont valables; telle est la sanction donnée par l'article 565 aux articles 563 et 564. Comme dans le cas de demande en validité de saisie, il est inutile de créer des retards ou des frais frustratoires et superflus, on n'a pas besoin de faire précéder cette demande d'une citation en conciliation. La demande en validité doit être portée devant le tribunal du domicile de la partie saisie, encore que la saisie soit faite en vertu d'un jugement dont l'exécution appartiendrait à un autre tribunal, parce que une saisie-arrêt est une instance nouvelle. La demande en main levée formée par la partie saisie doit également et dans tous les cas être portée devant le tribunal de la partie saisie.

Autrefois du moment que la saisie était apposée, le saisissant pouvait, en la dénonçant au débiteur, assigner le tiers saisi pour faire sa déclaration. Mais d'après l'article 568, il faut établir une distinction : quand il y a titre authentique, la créance ne peut être révoquée en doute; mais quand il n'y a pas de titre ou que le titre est sous seing privé, il faut pour assigner le tiers saisi en déclaration, un jugement qui l'ordonne, afin que le saisissant ne puisse pas sans raison s'immiscer dans les affaires d'autrui.

On ne doit pas assigner en déclaration les receveurs, dépositaires ou administrateurs de caisses ou deniers publics; mais d'après l'article 6 du décret du 18 Août 1807, ils sont tenus sur la demande du saisissant, de délivrer un certificat qui tiendra lieu en ce qui le concerne de tous autres actes et formalités prescrites à l'égard des tiers saisis. S'il n'est rien dû au saisi, le certificat l'énoncera; si la somme due au saisi est liquide, le certificat en déclarera le montant; si elle n'est pas liquide, le certificat l'exprimera.

Le tiers saisi n'est pas à proprement parler, partie dans la cause, il n'est qu'un témoin appelé à faire sa déclaration. Il sera donc assigné sans citation préalable en conciliation devant le tribunal qui doit connaître de la saisie. Mais si on conteste sa déclaration, de témoin il devient partie, et alors comme défendeur, il a le droit d'être renvoyé devant son juge, car la contestation sur la déclaration est un véritable procès sur lequel les juges ne peuvent se dispenser de se prononcer.

Nous avons dit que le tiers saisi serait assigné en déclaration. Il doit se soumettre à cette assignation dans les délais ordinaires des ajournements, et, assisté d'un avoué, il affirmera sa déclaration au greffe, s'il est sur les lieux, sinon devant le juge de paix de son domicile. Ces déclaration et affirmation pourront être faites par procuration spéciale. Le tiers saisi doit déclarer les causes et le montant de la dette; les paiements à compte s'il y en a eu; l'acte ou les causes de libération, si le tiers saisi n'est plus débiteur; et enfin les oppositions formées entre ses mains. Par ce moyen, le tribunal est mis à portée de statuer sur tous les objets de contestations que l'on peut présumer pouvoir s'élever entre le saisissant et le saisi. A l'appui de sa déclaration, le tiers saisi devra fournir des pièces justificatives qui seront déposées au greffe. Ce dépôt sera signifié par un acte contenant constitution d'avoué. Si dans la suite il survenait au tiers saisi d'autres oppositions il devrait les faire connaître à l'avoué du premier saisissant en les lui dénonçant par extrait contenant les noms et élection de domicile des saisissants et les causes des saisies-arrêts. Si on ne conteste pas la déclaration du tiers saisi, il n'y aura pas lieu à nouvelle procédure, ni pour, ni contre lui. Si le débiteur ne faisait pas ses déclarations ou ne les appuyait pas des pièces justificatives demandées ci-dessus, il serait déclaré débiteur de toutes les sommes pour lesquelles la saisie aurait été faite, encore bien que ces sommes fussent plus fortes que celles qu'il devrait réellement.

Si on a formé la saisie sur des effets mobiliers, le tiers saisi devra joindre à sa déclaration, un état détaillé de ces effets, état qui servira de procès-verbal pour faire la vente et la distribution de prix si la saisie est déclarée valable.

On ne peut saisir les pensions et traitements dus par l'État que pour la portion déterminée par la loi ou les ordonnances. L'article 581 indique quelles sont les choses insaisissables. Ce sont notamment, 1° les choses déclarées insaisissables par la loi ; 2° les provisions alimentaires adjugées par justice ; 3° les sommes et objets disponibles déclarés insaisissables par le testateur ou donateur ; 4° les sommes ou pensions pour aliments encore que le testament ou l'acte de donation ne les déclare pas insaisissables. Le rapporteur de la loi au corps législatif disait que le N° 3 de l'article 581 contenait une disposition qui paraît d'abord nuisible aux créanciers du donataire ou légataire, mais elle se trouve modifiée par l'article 582 qui veut que les sommes et objets disponibles déclarés insaisissables par le donateur puissent être saisis d'abord pour aliments et ensuite par tous les créanciers postérieurs à la donation, pourvu qu'ils en aient la permission du juge. Les créanciers antérieurs sont exclus, parce qu'à l'origine de leur titre, ils n'y avaient aucun droit, et que le donateur a pu imposer à sa donation la condition qui lui a plu, sans que ces créanciers antérieurs puissent s'en plaindre.

POSITIONS.

1. Peut-on saisir arrêter en vertu d'un jugement attaqué par voie d'appel ? — Non.

2. Peut-on saisir arrêter sur soi-même ? — Oui.

CHARLES BRINDEJONC.

Vu pour l'impression :

LE DOYEN, **H. RICHELOT.**

Nantes, imprimerie de VINCENT FOREST, place du Commerce, 1.